TALKTIME

Daniel Sean Kaiser

TALKTIME

Gedanken, Sprüche und Aphorismen

Volume 3

Bibliografische Information der Deutschen Nationalbibliothek:
Die Deutsche Nationalbibliothek verzeichnet diese Publikation in der Deutschen
Nationalbibliografie; detaillierte bibliografische Daten sind im Internet
über http://dnb.d-nb.de abrufbar

© 2014

Herstellung und Verlag: BoD – Books on Demand, Norderstedt

ISBN 978-3-7322-9892-1

Gesammelte Zitate mit den Themenschwerpunkten:

Psychologie, Philosophie, Theologie, Politik,
Wissenschaft, Humor, Satire und Sexualität.

Illustrationen: Daniel Sean Kaiser (www.donsart.de)

»Karnevalisten leben ihre Sexualität auch dann aus wenn sie keine Lust dazu haben«

»Es gibt mehr lebende Tote in der Realität als in der Phantasie«

»Klimaschutz? Es sollte nicht Mercedes geben, sondern weniger«

»Für Macht-Psychopathen zählen keine Einzelschicksale, sondern nur das große Ganze«

»Es ist ein Trauerspiel: Die mit dem geringsten Talent stehen in den Bestsellerlisten immer ganz oben«

Daniel Sean Kaiser

TALKTIME

»Materialisten bevorzugen mit Geldscheinen gefüllte Sargkissen, um auch im Tod immer liquide zu bleiben«

»Im 'Tinnitus-Orchester' agieren eindeutig zu viele Hochtöner«

»Alles auf die leichte Schulter zu nehmen, kann ganz schön schwerfallen«

»So mancher hat nicht nur eine Leiche, sondern einen ganzen Friedhof im Keller«

»Zwischen Geisterbahn und Oper bestehen gewisse Gemeinsamkeiten: In beiden Fällen führen Gespenster ihre Kostüme vor«

Daniel Sean Kaiser

»Alter Ego, junger Lego!«

»Ein Rumsteak schmeckt auch ohne Fleisch«

»Zu den beneidenswertesten Geschöpfen gehören zweifellos die Kreaturen der Tiefsee, oder auch die Vögel hoch in den Lüften, denn sie bleiben weitestgehend verschont, vom erbärmlichen, jämmerlichen Schauspiel, das sich auf Erden bietet«

»Der Absturz ins Bodenlose wird erst mit Fallschirm richtig komfortabel«

»So mancher Saubermann wird inkognito zum Sexualitäter«

Daniel Sean Kaiser

»Muttis Liebling«

»TV-Konsum? Zuviel Krimi macht erst richtig Grimmi!«

»Ein mögliches Indiz für intelligentes Leben im Weltall: Außerirdische haben den Planet Erde noch nicht besucht«

»Weltweit voll im Trend: Girlkott! Nach dem Boykott der Jungs wird der zivile Ungehorsam auch bei Mädchen immer beliebter«

»Andere abzuschreiben bedeutet Ideenklau!«

»Und bei Vampiren lautet das Motto: Bleib wie du beißt!«

Daniel Sean Kaiser

TALKTIME

»Schluss mit 'Fuck'! Verein Deutsche Sprache fordert Verbot von Anglizismen während Beischlaf«

»Schluss mit religiösem Fanatismus! Auch Atheisten sollten Fagott spielen dürfen«

»Schluss mit dem Modediktat! Schiebermützen dürfen ab sofort auch im Gedränge getragen werden«

»Schluss mit verklemmter Sexualmoral! Der G-Punkt sollte für keinen Mann mehr ein Fragezeichen sein«

»Trotz einer Flut von TV-Krimis hat bisher noch niemand einen Film über den 'Tintenkiller' produziert«

Daniel Sean Kaiser

TALKTIME

»Das Großvater-Paradoxon zu Zeitreisen in die Vergangenheit wird in populärwissenschaftlichen Sendungen so inflationär behandelt, dass sich der Opa vor Wut am liebsten in den eigenen Bart beißen würde«

»Umgangssprachliche Begriffe wie Glück, Pech oder Zufall, sind reinste Esoterik«

»In einer gerechteren Welt wäre 'Der dressierte Mann' längst Pflichtlektüre in jeder Lehranstalt«

»Warum immer nur irdische Sprachen? Lernen wir doch einfach mal 'Kosmolisch'!«

»Was die Welt am allernötigsten braucht sind unbestechliche Frauen und Männer«

Daniel Sean Kaiser

»Diktator«

TALKTIME

»Türkeile sind kein probates Mittel zur Konfliktbewältigung«

»Das Medium Fernsehen leistet nach wie vor einen gewichtigen Beitrag zur Infantilisierung und Abstumpfung seiner Zuschauer«

»Auch Analphabeten haben ein Anrecht auf einen erlesenen Geschmack«

»Desto Mini der Rock, desto Maxi der Bock«

»Das Kalkül! Scheinheilige machen sich klein, um von ihren Mitmenschen erhöht zu werden«

Daniel Sean Kaiser

TALKTIME

»Astronomie? Erst der Kopernikuss macht den Valentinstag zu einem Erlebnis«

»Bei vielen Patienten gehört die Zigarette danach immer noch zur beliebtesten Lungenkrebs-Therapie«

»Im Laufe der Jahre wird so mancher Ältere zum Senilioren«

»Mami, wenn ich groß bin möchte ich auch so einen Maschinenmann, der Gold zaubert, wie bei Frau Holle«

»Why Nacht? Christmas kann auch tagsüber wunderschön sein!«

Daniel Sean Kaiser

TALKTIME

»So mancher hält 'Euthanasie' für die gängige Begrüßung unter Landwirten«

»Der letzte Trumpf des Spießers ist seine, aus Geiz resultierende, finanzielle Solvenz«

»Über Fußball nur zu sprechen, ist wie Empfängnis ohne Sexualität«

»Zitate sind Romane in Miniaturform«

»Das größte Lumpenpack lauert hinter der Fassade der Wohlanständigkeit«

Daniel Sean Kaiser

»Empathie«

»Aberglaube? Es gibt weltweit Millionen Blitzlichtkameras, aber immer noch **kein Foto** vom Fürsten der Finsternis«

»Nicht in jedem **Lehrkörper** wirkt zwangsläufig auch ein voller **Geist**«

»**Fitness**? Laufwegtrips statt **Bauchwegslips**«

»**Besser** überhaupt keinen **Status**, als Star-Tussi«

»Schranken gelten für **Bahnhöfe**, nicht für Künstler«

Daniel Sean Kaiser

TALKTIME

»Sexualität? Eben hat mir die Mikrowelle mal wieder so richtig eingeheizt«

»Der Mensch sucht die Hölle in Wolkenkuckucksheim und braucht dabei nur in den Spiegel zu schauen«

»In dieser nüchternen Welt ist doch der Mensch oftmals beschwipst«

»Empathie ist keine Geburtstagsfeier bei Micky Mouse«

»Die Automobile der Neuzeit sind technisch so ausgereift, dass sie problemlos über Jahrzehnte im Stau stehen können«

Daniel Sean Kaiser

»Fitness«

»Desto klarer du die Welt siehst, desto tiefer blickst du in den Schlund der Hölle«

»Friedhof? Spießer schneiden selbst dann noch das Gras, wenn sie bereits hineingebissen haben«

»Der Suizid ganz schön runter!«

»Umgebe dich mit Menschen, die dein Leben lebenswert machen, und trenne dich von den anderen«

»Das Leben des Mädchens währte so kurz wie der Minirock den sie trug«

»Wir brauchen keine Mahner, wir brauchen Handelnde«

»Wir fordern orthopädische Prothesen auch für Tiere«

»Wer heutzutage noch auf die Offerten obskurer Sekten hereinfällt, hat möglicherweise einige Sekt zuviel intus«

»Sie bringen diese wunderbare Welt auf den Hund, für einen Haufen Plastikschrott«

»Nicht der Tod selbst ist tragisch, sondern unsere Fähigkeit, ihn intellektuell zu erfassen«

»Komplexe«

»Für Alleinstehende gilt: Apfelmus statt Orgasmus«

»Am Brandy hat sich schon so mancher die Finger verbrannt«

»Wenn die Naturzerstörung auf der Erde im derzeitigen Umfang fortgeführt wird, gibt es den tropischen Regenwald in Zukunft nur noch als App«

»Wenn selbst deine Eltern dich verstehen, läuft in deinem Leben irgendetwas grundlegend falsch«

»Wer clever ist, überspringt keine Hürden, sondern umgeht sie«

»Kunst kommt von Notdurft«

»Die Profiteure der Ausbeutung der Natur werden solange notwendiges Wachstum fordern, bis der Planet Erde vollständig zerstört ist«

»Die Erde ist ein Paradies, das vom Menschen zur Hölle gemacht wurde«

»Sportliche Betätigung ist so sinnlos, wie das Leben selbst, doch lässt sich das menschliche Dasein durch Aktivität um einiges erträglicher gestalten«

»Eine Eheschließung unter Raubfischen nennt man Hairat«

Daniel Sean Kaiser

»Euthanasie«

TALKTIME

»In Pornographie, als auch Schlagermusik,
spielt die 'Schleimspur' eine entscheidende Rolle«

»Der Mensch wird allein geboren, und stirbt allein,
und verspürt doch zeitlebens eine tiefgreifende Angst
vor der Einsamkeit«

»Der innere Schweinehund ist die dunkle Materie
im Menschen«

»Die Generation freier, selbstbestimmter Männer,
wird in Zukunft die alte Garde versklavter,
fremdbestimmt-triebgesteuerter 'Maschinenwesen'
ersetzen«

»Marathonläufer benötigen einfach mehr Auslauf
als andere Hunde«

Daniel Sean Kaiser

TALKTIME

»Sex in der Mikrowelle ist zweifellos eine akrobatische Meisterleistung«

»Querdenker sind Artisten der Abstraktion«

»Neben Ente und Huhn gehört Arroganz zur Leibspeise des Adels«

»Lassen wir doch das förmliche Dur, ich heiße Moll«

»Parteienwerbung? Die orale Beglückung potentielle Wähler nennt man 'Mundpropaganda'«

Daniel Sean Kaiser

»Spießer«

TALKTIME

»Wer sein eigener Maßstab ist, hat alle Zweifler überwunden, und macht sich unabhängig von der Meinung anderer«

»Besser tausend Mal mit eigenen Ideen gescheitert, als einmal Plagiator«

»Nicht selten führt bei Wahlen das kleinere Übel zu partiellem Unwohlsein«

»Und Schweissarbeiten erhöhen die Transpiration um ein Vielfaches«

»Die Mär vom Penisneid ist eine große Farce, denn nichts wünschen Frauen sich weniger, als Männer zu sein«

Daniel Sean Kaiser

»Beschränktheit offenbart sich beim Betrachter oftmals dort, wo große Kunst wirkt«

»Pessimismus ist die Geisteshaltung mit den größten Erfolgsaussichten«

»Im horizontalen Gewerbe gilt der Dialog auf Hüfthöhe«

»In vielen Staaten der Erde findet man selbst mit Lupen keine Demokratie«

»So mancher Musikfreund hält 'Al Di Meola' für ein Sonderangebot beim Discounter«

Daniel Sean Kaiser

»Regenwald«

TALKTIME

»Mit der Liebe verhält es sich wie mit dem Kochen:
Charlotten bringen dich zum Weinen«

»Das 'Rendezvous mit Andromeda' ist kein
Liebesgeplänkel verliebter Huftiere«

»Das Niveau eines Staates wird deutlich,
am Umgang mit seinen Minderheiten«

»Immer nur das Größte bedenken, kann den
Haushaltsputz erheblich beschränken«

»Wer am Berg nicht schwindelfrei ist,
sollte das Lügen tunlichst vermeiden«

Daniel Sean Kaiser

»Die Leidenschaft ist der Schlüssel zum Lebensglück«

»Wer andere Menschen diskriminiert, diskreditiert die eigene Persönlichkeit«

»Ein abnehmender Mond ist noch lange kein Grund, die eigene Diät zu verkürzen«

»Ein charakteristisches Merkmal von Hasenfüßen ist die Angst vor dem nächsten Schritt«

»Nur noch drei Milliarden Jahre bis zum Rendezvous mit Andromeda!«

Daniel Sean Kaiser

»In der Psychiatrie soll der 'Patient' wieder auf das Trimmmaß einer pervertierten Gesellschaft gebracht werden«

»Schöne neue Welt: Wenn die Meeresverschmutzung durch Plastikmüll weiter anhält, können bald alle Erdbewohner übers Wasser laufen, wie einst Jesus von Nazaret«

»Pessimisten sind die Realisten von Morgen«

»Ein transpirierender Affe ist immer noch besser, als ein blutleerer Technokrat«

»Käufliche Liebe zerstört jedwede Form von Romantik, und ist Beweis für die Primitivität der menschlichen Natur«

Daniel Sean Kaiser

»Hölle«

»Die Integration des Haustiers in das partnerschaftliche Liebesspiel nennt man Fellatio«

»Wenn das Neue immer wieder das Alte ist, kann von Fortschritt keine Rede sein«

»Doggen und Drogen haben etwas gemeinsam: Sie bringen dich auf den Hund«

»So mancher Kulturschaffende hält Inspiration für einen Aspekt der Körperhygiene«

»Wer sich mal fühlen möchte wie ein Raubfisch, der sollte unbedingt den Zahnersatz vom Discounter ausprobieren«

Daniel Sean Kaiser

»Der Tod hat einen langen Atem, deshalb sollte man ihm die Luft abdrehen«

»So mancher Sektierer bevorzugt in Wahrheit Prosecco«

»Im Gegensatz zum Rock 'n' Roll ist der Minirock kein akustisches, sondern ein visuelles Erlebnis«

»Jeder Roboter verdient den Respekt, den er sich ausrechnet«

»Zur Not sollte der Mensch sich am eigenen Schopfe aus dem Sumpf der Eitelkeiten ziehen, um dem lächerlichen Machtstreben, der pathologischen Sehnsucht nach Liebe, Anerkennung und Erfolg zu widerstreben«

Daniel Sean Kaiser

»Seti«

»Popo voll statt Propofol«

»Jetzt wissenschaftlich bestätigt: Clevere Hunde bevorzugen Auslauf statt Einlauf«

»Abgesehen vom biologischen Tod, gibt es keinen Grund, sein tägliches 'Workout' schleifen zu lassen«

»Im Universum des Narzissten ist Selbstmitleid die höchste Form der Empathie«

»Religiöse Glaubenssätze funktionieren wie Waschmaschinen: Ist das Programm erst einmal aktiv, so gibt es kein Zurück mehr«

Daniel Sean Kaiser

»Wem mit den Jahren die Gesichtszüge entgleisen,
der sollte die Weichen des Lebens auf Fitness stellen«

»Jeder Mensch sollte selbst Geschichte schreiben,
statt über die Geschichten anderer Bericht zu führen«

»Ein juveniler Masochist ist auch bei Schlägen
des Herrn Papa nicht abgeneigt«

»Auch für trockene Alkoholiker kann das Insekt
jederzeit eine Gefahr darstellen«

»Wissen macht wohlhabend, nicht Reichtum«

Daniel Sean Kaiser

»Die für Sie relevanten Informationen zu meiner Perversion, entnehmen Sie bitte den beigefügten Bewerbungsunterlagen«

»Im Wort 'Pessimist' ist die Bewertung bereits enthalten«

»Die 'Pornogravitation' ist die Schwerkraft der Sexualität«

»Bahnfahren ist wie Schachspielen: Es ist nicht leicht, den richtigen Zug zu finden«

»Workout beendet? Nach dem Training Dänen nicht vergessen!«

Daniel Sean Kaiser

»Freundschaft«

»Die Beschäftigung mit den eigenen Genietalien führt nicht zwangsläufig zu Geistesblitzen«

»Insekt kann auch Alkohol sein!«

»Wer heldenhafte Verehrung sucht, sollte nicht in die Politik, sondern in die Oper gehen«

»Besser zwölf Jahre Hund, als achtzig Jahre Mensch«

»Ohne Drogen siehst du die Welt wie ein Falke, mit Drogen wie ein halbblinder Maulwurf«

Daniel Sean Kaiser

TALKTIME

»Die verunglückte Beziehung zur falschen Frau nennt man ein Missverständnis«

»Erdbeben und Sex haben so manches gemeinsam: Es wackeln die Berge, und in Furchen und Spalten tun sich Abgründe auf«

»Die Pubertät ist der Beginn der hormonellen Diktatur«

»Es entbehrt nicht einer gewissen Komik, dass gerade die einschlägigen 'Klatschkolumnen' in Presse, Funk und Fernsehen, keinerlei Applaus verdienen«

»So mancher hält die 'Buhlschaft' für eine besonders eifrige Gemeinde aktiver Kugelsportler«

Daniel Sean Kaiser

TALKTIME

»Moralisch integre Haustiere bevorzugen vegetarisches Grillen«

»So sitzen sie, bräsig und selbstgefällig, in ihren spießigen Gärten und veranstalten Schlachtfeste«

»Die Dekadenz der Sucht! Wohlstandsbürger dokumentieren durch Alkohol- und Tabakmissbrauch ihre Abhängigkeit von der kapitalistischen Genussmittelindustrie«

»Ein weitverbreiteter Irrtum des Menschen besteht darin, Stupidität mit Reife zu verwechseln«

»Französische Kühe präferieren Muh's au Chocolat«

Daniel Sean Kaiser

»Weihnachten«

Auch im Handel erhältlich:

TALKSHOW - Die 164 besten Zitate für 2013

(Vol.1)   -   ISBN: 978-3732231355

TALKFLASH - Noch mehr Zitate für 2013

(Vol.2)   -   ISBN: 978-3732246168